BURGER

Lieblings-Fastfood selbst gemacht

Autoren: Alexander Dölle & Sarah Schocke | Fotos: Jörn Rynio

DIE GU-QUALITÄTS-GARANTIE

Wir möchten Ihnen mit den Informationen und Anregungen in diesem Buch das Leben erleichtern und Sie inspirieren, Neues auszuprobieren. Bei jedem unserer Bücher achten wir auf Aktualität und stellen höchste Ansprüche an Inhalt, Optik und Ausstattung. Alle Rezepte und Informationen werden von unseren Autoren gewissenhaft erstellt und von unseren Redakteuren sorgfältig ausgewählt und mehrfach geprüft. Deshalb bieten wir Ihnen eine 100 %ige Qualitätsgarantie.

Darauf können Sie sich verlassen:
Wir legen Wert darauf, dass unsere Kochbücher zuverlässig und inspirierend zugleich sind.
Wir garantieren:

- dreifach getestete Rezepte
- sicheres Gelingen durch Schritt-für-Schritt-Anleitungen und viele nützliche Tipps
- eine authentische Rezept-Fotografie

Wir möchten für Sie immer besser werden:
Sollten wir mit diesem Buch Ihre Erwartungen nicht erfüllen, lassen Sie es uns bitte wissen! Nehmen Sie einfach Kontakt zu unserem Leserservice auf. Sie erhalten von uns kostenlos einen Ratgeber zum gleichen oder ähnlichen Thema. Die Kontaktdaten unseres Leserservice finden Sie am Ende dieses Buches.

GRÄFE UND UNZER VERLAG
Der erste Ratgeberverlag – seit 1722.

INHALT

TIPPS UND EXTRAS

PATTY – HOMEMADE

Beim Burgerbraten reichen einige wenige Tricks und Kniffe, und schon landet das große Burgerglück auf Ihrem Teller.

DAS FLEISCH

Beim Hackfleisch ist eine gute Körnung wichtig. Wenn Sie Ihr Hackfleisch nicht zu Hause selbst mit dem Fleischwolf herstellen, lassen Sie es am besten beim Metzger ganz frisch durchdrehen, vor allem wenn Sie Ihren Burger »rosa« mögen. Wer gerne etwas mehr Biss hat, kann das Fleisch auch mit dem Messer in ganz feine Stücke schneiden. Der Fettgehalt ist entscheidend, wenn es darum geht, einen saftigen Patty zu braten. Mindestens 20 Prozent sollte er betragen. Weil Schulter und Nacken meist einen höheren Fettanteil haben, schwören Kenner auf US-Beef-Nacken, der den für Burger idealen Fettgehalt hat. Der Fettanteil sollte 40 Prozent aber nicht übersteigen, sonst fällt der Burger beim Braten womöglich auseinander. Sie können Ihren Metzger bitten, Ihnen ein Stück aus 60 Prozent Muskelfleisch und 40 Prozent Fett zuzuschneiden und frisch zu wolfen.
Pattys aus magerem Hähnchen- oder Fischfilet brauchen die Zugabe von fettigem Fleisch oder Ei und fetthaltigen Milchprodukten wie Crème fraîche, um daraus eine Farce herzustellen, damit die Pattys halten und saftig werden. Außerdem müssen sie in etwas Fett gebraten werden, was bei fettreichen Pattys nicht notwendig ist.

DER KLEINE HELFER

Pattys sind in der Regel 2 cm hoch und haben einen Durchmesser von 10 cm. Das garantiert, dass sie innen saftig bleiben und außen knusprig werden. Natürlich gibt es dabei verschiedene Variationsmöglichkeiten. Aber dünne Pattys werden schnell trocken, bevor sie eine schöne Kruste bilden und dicke Pattys können außen leicht verbrennen, bevor sie innen gar sind.
Wenn Sie keine Lust haben, mit einem Maßband in der Küche zu stehen, oder wenn Sie die Pattymasse ungern mit den Händen formen, ist die Burgerpatty-Presse eine tolle Hilfe. Sie produziert formschöne, gleich große Pattys, die ein hervorragendes Bratverhalten an den Tag legen.

VOM GRILL

Einen Holzkohlegrill sollten Sie ca. 30 bis 50 Minuten vorher anheizen, damit er zum Grillen die optimale Temperatur aufweist. Burgerpattys werden meist bei direkter starker Hitze und geschlossenem Deckel gegrillt. Wenn Sie Ihre Hände etwa 10 bis 12 cm über die Glut halten und dabei höchstens bis vier zählen können, bevor Sie sie wieder wegziehen müssen, ist der Grill heiß genug. Bedenken Sie, dass die Temperatur etwas sinkt, sobald Sie den Deckel öffnen. Direkte Hitze bedeutet, dass die Pattys genau über den glühenden Kohlen liegen. Dadurch bildet sich schnell eine Kruste. So werden die Aromen im Patty eingeschlossen und der Patty bleibt saftig. Den Patty sollten Sie nur einmal wenden und zwar sobald er sich leicht vom Grillrost lösen lässt. Vor dem Verzehr sollten Sie den Patty 5 Minuten abgedeckt ruhen lassen.

AUS DER PFANNE

Die beste Pfanne zum Burgerbraten ist eine gusseiserne Pfanne, da diese sehr hohe Temperaturen gut verträgt. Wer hat, kann auch eine Teppanyaki-Platte dazu nutzen. Viele – wir auch – haben beschichtete Pfannen zu Hause, die hohe Hitze nicht gut vertragen. Dann die Pattys am besten bei mittlerer Hitze garen. Das bringt auch schöne Ergebnisse. Wer mit einer gusseisernen Pfanne arbeitet, sollte bei Pattys, die in Öl gebraten werden, die Menge an Fett erhöhen, damit sie nicht festkleben. In gusseisernen Pfannen verringern sich eventuell die Garzeiten. Für das Braten in einer Pfanne eignet sich für Burger besonders eine Grillpfanne, da diese ein schönes Streifenmuster auf die Pattys bringt. Grillpfannen gibt es mit Beschichtung oder aus Gusseisen. Auch beim Braten in der Pfanne sollten die Pattys nur einmal gewendet werden und vor dem Verzehr 5 Minuten ruhen.

AUS DEM OFEN

Die Zubereitung im Ofen ist etwas unkonventionell, aber praktisch, da nebenher auf dem Herd weitergearbeitet werden kann. Das ist bei Burgern von Vorteil, deren weitere Komponenten ebenfalls frisch zubereitet werden müssen, wie zum Beispiel beim Bratkartoffel-Burger (siehe S. 26). Burgerpattys im Ofen sollten ebenfalls nach der Hälfte der Zeit gewendet werden. Zwar werden sie nicht so knusprig wie in der Pfanne, dafür aber wunderbar saftig. Pattys im Ofen sollten nicht bei Umluft gebacken werden, da sie sonst leicht austrocknen. Wer einen Backofen mit Grillfunktion hat, sollte diese einstellen. Bei Fleisch- und Fischstücken, die im Ganzen fertig gegart werden, z. B. beim Spargel-Lachs-Burger (siehe S. 37) sollte die Temperatur nicht über 160° liegen. So bleibt das Gargut innen schön zart und trocknet nicht aus.

BURGERBRÖTCHEN

200 g Buttermilch (für vegane Brötchen Sojamilch verwenden) | ¼ Würfel Hefe (10 g) | 320 g Mehl + Mehl zum Arbeiten | 1 gestr. TL Salz | 1 EL Sesamsamen (nach Belieben)

Für 4 Portionen | 30 Min. Zubereitung | 3 Std. Ruhen | 13 Min. Backen

Pro Portion ca. 295 kcal, 11 g EW, 2 g F, 59 g KH

1 Die Buttermilch lauwarm erwärmen und die Hefe darin auflösen. Das Mehl nach und nach einrühren und alles in 3 Min. zu einem glatten Teig kneten.

2 Den Teig auf bemehlter Arbeitsfläche 2 Min. gründlich kneten. In eine bemehlte Schüssel geben, mit Frischhaltefolie abdecken und 1 Std. gehen lassen.

3 Den gegangenen Teig mit den Händen 3 Min. kräftig kneten, dabei das Salz gründlich einarbeiten. Den Teig dann in vier gleich große Portionen aufteilen.

4 Eine Portion in eine Handfläche legen, die andere Hand seitlich daranlegen (wie beim Töpfern) und so lange drehen bis eine glatte Kugel entstanden ist.

5 Die Teigkugeln in eine Schale mit Sesamsamen drücken und auf einem mit Backpapier ausgelegten Backblech weitere 2 Std. unter Folie gehen lassen.

6 Brötchen in den auf 220° vorgeheizten Backofen (Mitte) geben. 100 ml Wasser auf den Backofenboden gießen, Tür schließen und die Brötchen 13 Min. backen.

PERFEKTION IM DETAIL

Damit der Traum vom fluffigen Burger mit saftigem Patty und knackigem Salat wahr wird, braucht es nur wenige Tricks – aber die müssen sitzen.

DIE VORBEREITUNG

Wichtig für die Pattymasse ist die Würze: mindestens Salz und Pfeffer, nach Belieben zusätzlich auch Marinaden, Würzmischungen, Soßen oder gehackte Zwiebeln. Dann geht es ans Kneten, bevor aus der Masse Pattys geformt werden können. Diese wandern für mindestens eine halbe Stunde in den Kühlschrank, damit sie fester werden und sich besser braten lassen.

Wenn die Pattys aus dem Kühlschrank kommen, wird mit der Rückseite eines Löffels eine Mulde in die Mitte der Pattys gedrückt. So lässt sich verhindern, dass die Pattys sich beim Braten aufblähen. Im Gegenteil: Sie bleiben schön flach und lassen sich dadurch prima belegen.

Die Garzeiten der Pattys auf dem Grill und in der Pfanne sind so berechnet, dass das Fleisch innen rosa (medium) ist. Wenn Sie es lieber durch (well done) haben möchten, sollten Sie das Fleisch pro Seite etwa 1 Minute zusätzlich braten.

DAS BRÖTCHEN

Benutzen Sie niemals die abgepackten, labberigen »Burgerbrötchen« aus dem Supermarkt. Greifen Sie lieber zu einem nicht zu festen Brötchen vom Bäcker oder backen Sie selbst (siehe S. 6). Ein gutes Brötchen ist außen knusprig und innen saftig-fluffig. Das gelingt durch Backen mit Feuchtigkeit. Für optimalen Burgergenuss werden Brötchen vor dem Belegen halbiert und dann kurz in der heißen Pfanne auf der Schnittkante geröstet. Dazu eine (Grill-)Pfanne richtig heiß werden lassen. Brötchen mit der Schnittfläche nach unten in die Pfanne geben. Ein Brett über die Brötchenhälften legen, diese damit fest an den Pfannenboden andrücken und 1 – 2 Minuten rösten. Das bringt eine zarte Karamellnote, und das Brötchen wird nicht matschig.

DER KÄSE

Käse kann einen Burger zusätzlich veredeln. Für mehr Genuss lassen Sie sich an der Käsetheke frische Scheiben schneiden. Es lohnt sich! Noch besser: Sie nehmen Käse am Stück und raspeln ihn nach dem Wenden je nach Geschmack grob oder fein über den Patty. Geraspelter Käse verbindet sich besser mit der Oberfläche des Pattys und gibt so einen intensiveren Geschmack.

BURGER AUS FLEISCH

Ob Rind, Schwein oder Lamm: Aus sämtlichen Fleischarten lassen sich hervorragende Burger braten. Zu besonderen Anlässen – so finden wir – darf es sogar mal Wild sein. Wir besorgen das Fleisch direkt beim Metzger und lassen es dort durch den Fleischwolf drehen. Frischer geht's nicht!

CHEESEBURGER

Supersaftig, extrawürzig und einfach zum Reinbeißen gut! Kein Wunder, dass dieser weltberühmte Klassiker in der Hitliste jedes Burgerladens ganz weit oben steht.

650 g Rinderhackfleisch
Salz | Pfeffer
1 große Zwiebel
4 eingelegte Cornichons (kleine Gewürzgurken)
4 Blätter Kopfsalat
80 g Cheddar (oder Edamer)
3 TL Tomatenketchup
2 TL Senf
1 TL Worcestersauce
4 Burgerbrötchen (siehe S. 6)

Made in the USA

Für 4 Burger | 30 Min. Zubereitung | 30 Min. Kühlen
Pro Portion ca. 750 kcal, 53 g EW, 32 g F, 62 g KH

1 Das Hackfleisch mit je 1 TL Salz und Pfeffer würzen und mit den Händen 1 – 2 Min. kräftig kneten. Aus der Masse vier gleich große 2 cm hohe Pattys formen. Pattys auf ein mit Backpapier ausgelegtes Brett legen und mit Frischhaltefolie abgedeckt für mindestens 30 Min. in den Kühlschrank stellen.

2 Zwiebel schälen und in feine Ringe schneiden, Cornichons abtropfen lassen und längs in dünne Scheiben schneiden. Den Salat waschen und trocken schütteln. Käse in dünne Scheiben schneiden oder hobeln. Ketchup, Senf und Worcestersauce zu einer Sauce verrühren. Mit Salz und Pfeffer abschmecken.

3 Die Brötchen halbieren, in einer heißen Grillpfanne rösten, beiseitestellen. In jedes Patty eine Mulde drücken und die Pattys in der Pfanne bei starker Hitze pro Seite 5 Min. braten. Nach dem Wenden Käse auf die Pattys geben, damit dieser etwas zerfließt. Brötchenhälften mit Sauce bestreichen, auf die untere Hälfte je ein Salatblatt, Cornichonstreifen, einige Zwiebelringe und einen Patty geben und mit der oberen Brötchenhälfte bedecken.

TIPP **Für einen klassischen Cheeseburger verwenden Sie am besten Cheddar oder Edamer. Aber erlaubt ist, was schmeckt! Wenn Sie also ein paar Scheiben würzigen Bergkäse oder einen Rest pikanten Blauschimmelkäse im Kühlschrank haben, dann probieren Sie es doch einmal damit.**

GARTENBURGER

600 g Hackfleisch (halb und halb) | Kräutersalz | Pfeffer | ¼ Bund gemischte frische Gartenkräuter (z. B. Kresse, Petersilie, Schnittlauch) | 120 g Doppelrahmfrischkäse | 1 Tomate | ¼ Salatgurke | 100 g Ziegengouda | 20 g Sonnenblumenkerne | 4 Körnerbrötchen

Kräuterfrisch

Für 4 Burger | 50 Min. Zubereitung | 30 Min. Kühlen
Pro Portion ca. 765 kcal, 45 g EW, 49 g F, 35 g KH

1 Für die Pattys das Hackfleisch salzen und pfeffern und mit den Händen 1 – 2 Min. kräftig kneten. Aus der Masse mit angefeuchteten Händen vier gleich große 2 cm hohe Pattys formen. Pattys auf ein mit Backpapier ausgelegtes Brett legen und mit Frischhaltefolie abgedeckt für mindestens 30 Min. in den Kühlschrank stellen.

2 Kräuter waschen, trocken schütteln und die Blättchen fein hacken. Mit Frischkäse mischen und mit Salz und Pfeffer würzen. Tomate und Gurke waschen und in dünne Scheiben schneiden. Den Gouda in feine Scheiben hobeln.

3 Sonnenblumenkerne in einer Pfanne ohne Fett rösten, bis sie duften. Die Brötchen halbieren, in einer heißen Grillpfanne rösten, beiseitestellen. In jedes Patty eine Mulde drücken und die Pattys bei starker Hitze 5 – 6 Min. pro Seite braten, dabei nur einmal wenden. Nach dem Wenden Käse auf die Oberseite der Pattys legen und schmelzen lassen.

4 Die Brötchenhälften mit Frischkäse bestreichen und mit Sonnenblumenkernen bestreuen. Auf die untere Hälfte Gurkenscheiben geben, je ein Patty darauflegen, Tomate daraufschichten und mit der oberen Brötchenhälfte zudecken.

HAMBURGER

650 g Rinderhackfleisch | Salz | Pfeffer | 4 Blätter Eisbergsalat | 1 Tomate | ¼ Salatgurke | 1 Zwiebel | 4 Burgerbrötchen (siehe S. 6) | 4 EL Ketchup

Heiß geliebter Klassiker

Für 4 Burger | 25 Min. Zubereitung | 30 Min. Kühlen
Pro Portion ca. 670 kcal, 48 g EW, 25 g F, 64 g KH

1 Für die Burgerpattys den Grill rechtzeitig anheizen. Für die Pattys das Hackfleisch in eine Schüssel geben, mit je 1 TL Salz und Pfeffer würzen und mit den Händen 1–2 Min. kräftig kneten. Aus der Hackfleischmasse mit angefeuchteten Händen vier gleich große 2 cm hohe Pattys formen. Die Pattys auf ein mit Backpapier ausgelegtes Brett legen und mit Frischhaltefolie abgedeckt für mindestens 30 Min. in den Kühlschrank stellen.

2 Salat, Tomate und Gurke waschen. Salatblätter trocken schütteln, Tomate und Gurke abtrocknen und in feine Scheiben schneiden. Die Zwiebel schälen und in möglichst feine Ringe schneiden.

3 Die Brötchen halbieren und auf dem heißen Grill ca. 10 Sek. rösten, dabei die Schnittfläche auf den Grillrost drücken. Pattys aus dem Kühlschrank nehmen und mit einem Löffel eine Mulde in die Mitte der Pattys drücken. Die Pattys 3,5 Min. pro Seite auf dem heißen Grill bei direkter starker Hitze und geschlossenem Deckel grillen.

4 Die Brötchenhälften mit Ketchup bestreichen. Salat und Gurke auf die untere Hälfte geben, je einen Patty darauflegen und Tomate und Zwiebeln daraufschichten. Den Burger jeweils mit der oberen Brötchenhälfte schließen.

ITALIANO-BURGER

Dolce vita zum Reinbeißen: Besonders, wenn der letzte Urlaub schon etwas her ist, können Sie sich mit diesem Burger mediterrane Sommergefühle auf Ihren Teller holen.

2 Zweige Rosmarin
Salz | Pfeffer
2 EL Kapern
600 g Hackfleisch (halb und halb)
50 g Parmesan
2 Handvoll Rucola
4 Ciabatta-Brötchen
4 Scheiben Parmaschinken
8 TL Pesto verde

Besonders pikant

Für 4 Burger | 25 Min. Zubereitung | 30 Min. Kühlen
Pro Portion ca. 675 kcal, 47 g EW, 40 g F, 33 g KH

1 Den Rosmarin waschen, trocken schütteln, die Nadeln von den Zweigen streifen und fein hacken. Mit je 1 TL Salz und Pfeffer sowie Kapern und Hackfleisch in eine Schüssel geben und mit den Händen 1–2 Min. kräftig kneten. Aus der Masse vier gleich große 2 cm hohe Pattys formen. Pattys auf ein mit Backpapier ausgelegtes Brett legen und mit Frischhaltefolie abgedeckt für mindestens 30 Min. in den Kühlschrank stellen.

2 Den Parmesan in dünne Streifen hobeln. Rucola waschen und trocken schütteln. Eine Grillpfanne stark erhitzen. Die Brötchen halbieren und darin rösten. Beiseitestellen.

3 In die Mitte der Pattys eine Mulde drücken. Die Pattys in der Grillpfanne bei starker Hitze pro Seite 5 Min. braten. Wer sein Fleisch lieber ganz durchgebraten mag, brät es auf jeder Seite 6 Min. Nach dem Wenden Parmesan auf die Pattys legen.

4 Die untere Brötchenhälfte mit Rucola und je 1 Scheibe Parmaschinken belegen. Die obere Brötchenhälfte mit je 2 TL Pesto bestreichen. Den heißen Patty auf den Schinken legen und mit der oberen Brötchenhälfte abdecken.

ROASTBEEF-BURGER

Inspirationsquelle für diese Kreation war ein klassischer Senfrostbraten. Und auch im Burger überzeugte uns dieser herzhafte Aromen-Mix.

2 Scheiben Roastbeef (à 200 g)
200 g grüne Bohnen
Salz
4 TL mittelscharfer Senf
2 rote Zwiebeln
2 EL Butter
2 EL Zucker
100 ml Aceto balsamico bianco
Pfeffer
8 Scheiben Schwarzwälder Schinken
8 Scheiben rustikales Landbrot

Deftiger Genuss

Für 4 Burger |
50 Min. Zubereitung
Pro Portion ca. 645 kcal,
41 g EW, 24 g F, 65 g KH

1 Das Roastbeef 30 Min. vor der Verarbeitung aus dem Kühlschrank nehmen und mit Küchenpapier trocken tupfen. Die Bohnen waschen, putzen und zugedeckt 5 Min. in wenig Salzwasser kochen. Eiskalt abschrecken und beiseitestellen.

2 Backofen auf 100° (Umluft nicht empfehlenswert) vorheizen. Eine beschichtete Pfanne erhitzen. Fleisch pro Seite mit 1 TL Senf bestreichen. In der heißen Pfanne pro Seite 2 Min. scharf anbraten. Dann 1 weitere Minute auf der Fettseite sowie kurz auf der gegenüberliegenden Seite anbraten (Bild 1). Fleisch in eine feuerfeste Schale geben und 30 Min. im Ofen (Mitte) garen.

3 Die Zwiebeln schälen und würfeln. Einen Topf erhitzen, Butter zugeben und die Zwiebelwürfel darin 1 – 2 Min. anbraten. Dann den Zucker zugeben und in 1 Min. karamellisieren lassen (Bild 2). Mit Essig ablöschen und mit je 1 TL Salz und Pfeffer würzen. Alles mit dem Stabmixer pürieren und 5 Min. unter ständigem Rühren bei starker Hitze einkochen lassen. Dann beiseitestellen.

4 Die Bohnen in vier Portionen teilen. Je 2 Scheiben Schinken überlappend nebeneinander legen, und je eine Bohnenportion möglichst nebeneinander im unteren Drittel platzieren. Schinken von unten aufrollen und die Päckchen etwas platt drücken (Bild 3). In der Fleischpfanne auf jeder Seite 2 – 3 Min. scharf anbraten.

5 Die Brotscheiben jeweils auf einer Seite in einer heißen Pfanne rösten. Das Roastbeef schräg in 1 cm dicke Scheiben schneiden. Auf die geröstete Seite der Brotscheibe die Zwiebeln geben, das Roastbeef darauf platzieren, Bohnen darübergeben und mit einer weiteren Brotscheibe bedecken.

1

2

3

SONNTAGSBURGER

650 g Hackfleisch (halb und halb) | Salz | Pfeffer | 250 ml Dunkelbier | 200 g Sahne | 2 EL Speisestärke | 4 Burgerbrötchen (siehe S. 6) | 4 Scheiben Ananas (Dose) | mittelscharfer Senf | 400 g Sauerkraut

Gut Burger-lich

Für 4 Burger | 40 Min. Zubereitung | 30 Min. Kühlen
Pro Portion ca. 1000 kcal, 47 g EW, 51 g F, 78 g KH

1 Das Hackfleisch in eine Schüssel geben, mit je 1 TL Salz und Pfeffer würzen und mit den Händen 1 – 2 Min. kräftig verkneten, bis eine homogene Masse entstanden ist. Aus der Hackfleischmasse mit den Händen vier gleich große 2 cm hohe Pattys formen. Die Pattys auf ein mit Backpapier ausgelegtes Brett legen und mit Frischhaltefolie abgedeckt für mindestens 30 Min. in den Kühlschrank stellen.

2 Bier in einen Topf geben und aufkochen lassen. Mit Salz und Pfeffer würzen. Die Hälfte der Sahne mit der Speisestärke verrühren und mit der restlichen Sahne zum Bier geben. Rühren, bis die Soße andickt. Bei kleiner Hitze und geschlossenem Deckel 10 Min. ziehen lassen.

3 Brötchen halbieren und in einer Pfanne rösten. Ananasscheiben 5 Min. von jeder Seite braten. Mit dem Rücken eines Löffels eine Mulde in die Mitte der Pattys drücken und die Pattys bei starker Hitze 5 – 6 Min. pro Seite braten.

4 Brötchenhälften mit Senf bestreichen. Sauerkraut auf die untere Hälfte geben, Soße darübergießen, Ananas und Patty daraufschichten und mit der oberen Brötchenhälfte bedecken.

BAVARIA-BURGER

¼ Bund Schnittlauch | 50 g weiche Butter | 4 Laugenbrötchen | 1 TL Rapsöl | 4 Scheiben Leberkäse (à 100 g) | 4 Scheiben Bergkäse (à 20 g) | 4 TL süßer Senf | 8 EL Weißkohlsalat (Kühltheke)

Schneller Alpenburger

Für 4 Burger | 15 Min. Zubereitung
Pro Portion ca. 645 kcal, 29 g EW, 44 g F, 34 g KH

1 Den Schnittlauch waschen, trocken schütteln und in feine Röllchen schneiden. Die Schnittlauchröllchen mit der Butter in eine Schüssel geben und mit einer Gabel gründlich verkneten. Die Brötchen halbieren und in einer heißen Pfanne rösten. Das Rapsöl in eine beschichtete Pfanne geben und die Leberkäsescheiben darin bei starker Hitze 3–4 Min. braten. Nach der Hälfte der Zeit wenden und den Käse auf den Leberkäse legen.

2 Untere Brötchenhälfte mit Schnittlauchbutter bestreichen, obere mit Senf. Den Krautsalat abtropfen lassen und auf die untere Brötchenhälfte geben, den Leberkäse darauflegen und den Burger mit der oberen Brötchenhälfte schließen.

TIPP

Für selbst gemachten Krautsalat 250 g Weißkohl waschen, äußere Blätter entfernen und Strunk herausschneiden. Kohl auf einem Gemüsehobel in feine Streifen hobeln. Mit ½ TL Salz in einer Schüssel 2 Min. durchkneten. 15 Min. ruhen lassen, dann kräftig ausdrücken. Das ausgetretene Wasser abgießen. ½ TL Kümmel mörsern, mit 1 TL Zucker, Pfeffer und 2 EL Weißweinessig unter den Kohl mengen. Vor dem Servieren 30 Min. ruhen lassen.

FRANKFURTER-GRÜNE-SOSSE-BURGER

Als Frankfurter lieben wir Grie Soß und dachten uns: »Warum nicht einen leckeren Burger daraus machen?« Natürlich mit Eiern und Kartoffeln!

¼ Bund gemischte Grüne-Soße-Kräuter
600 g Rinderhackfleisch
Salz | Pfeffer
200 g gekochte Kartoffeln vom Vortag (festkochend)
3 EL Aceto balsamico bianco
1 ½ TL mittelscharfer Senf
2 hart gekochte Eier
100 g Schmand
4 Weizenbrötchen

Hessisch

Für 4 Burger | 40 Min. Zubereitung | 30 Min. Kühlen
Pro Portion ca. 610 kcal, 43 g EW, 31 g F, 38 g KH

1 Die Grüne-Soße-Kräuter waschen, trocken schütteln und fein hacken. Die Hälfte der gehackten Kräuter mit dem Hackfleisch in eine Schüssel geben, mit je 1 TL Salz und Pfeffer würzen und mit den Händen 1–2 Min. kräftig kneten. Anschließend aus der Hackfleischmasse mit angefeuchteten Händen vier gleich große 2 cm hohe Pattys formen und mit Frischhaltefolie abgedeckt mindestens 30 Min. in den Kühlschrank stellen.

2 Die Kartoffeln pellen und in feine Scheiben schneiden. Den Essig, 1 TL Senf, 1 TL Salz und etwas Pfeffer in eine Schüssel geben und zu einer Marinade verquirlen. Kartoffeln dazugeben, alles vorsichtig mischen und kurz ziehen lassen.

3 Für die Grüne Soße die Eier pellen und grob würfeln. Eierwürfel mit restlichen Grüne-Soße-Kräutern, restlichem Senf, Schmand und ½ TL Salz verrühren. Mit Pfeffer abschmecken.

4 Eine Grillpfanne erhitzen, die Brötchen halbieren und in der Pfanne rösten. In die Pattys eine Mulde drücken. Die Pattys in der heißen Pfanne 5 Min. von jeder Seite bei starker Hitze braten.

5 Den Kartoffelsalat auf die Unterseiten der Brötchenhälften verteilen, Grüne Soße auf die Oberseite der Brötchenhälften geben. Den gebratenen Patty auf die Unterseite setzen und mit der oberen Brötchenhälfte schließen.

TIPP

Welche Kräuter gehören denn nun in eine echte Frankfurter Grüne Soße? Sieben verschiedene Sorten sollten es sein, traditionell werden Borretsch, Kerbel, Kresse, Petersilie, Pimpinelle, Sauerampfer und Schnittlauch verwendet. Wer keine fertig gemischten Kräuter für die Grüne Soße findet, kann sich die Kräuter nach Belieben auch selber zusammenstellen – oder eine fertige TK-Kräuter-Mischung verwenden.

WALD-UND-WIESEN-BURGER

Wild auf Burger? Dann kommt dieses Exemplar mit zartem Wildfleisch und Wildkräutersalat genau richtig – gut verpackt im herben Roggenbrötchen.

3 Schalotten
600 g Wildhackfleisch
1 TL Wildgewürzpulver
Salz | Pfeffer
200 g Schmand
2 TL Preiselbeeren (Glas)
1–2 Handvoll gemischte Wildkräuter (z. B. Pimpinelle, Sauerampfer, Borretsch, Portulak)
4 Roggenbrötchen
4 Scheiben Appenzeller (à 25 g)

Für besondere Anlässe

Für 4 Burger | 45 Min. Zubereitung | 30 Min. Kühlen
Pro Portion ca. 490 kcal, 39 g EW, 21 g F, 30 g KH

1 Schalotten schälen und fein hacken. Zusammen mit Hackfleisch, Wildgewürz, 1 TL Salz und etwas Pfeffer in eine Schüssel geben und mit den Händen 1–2 Min. kräftig kneten. Dann aus der Masse vier gleich große 2 cm hohe Pattys formen. Pattys auf ein mit Backpapier ausgelegtes Brett legen und mit Frischhaltefolie abgedeckt für mindestens 30 Min. in den Kühlschrank stellen.

2 Inzwischen die Hälfte des Schmands und die 2 TL Preiselbeeren in eine Schüssel geben, vermengen und mit Salz und Pfeffer abschmecken. Beiseitestellen. Die Wildkräuter waschen und trocken schütteln, die Blättchen fein hacken.

3 Eine Pfanne erhitzen. Die Brötchen halbieren und darin rösten. In jedes Patty in die Mitte eine Mulde drücken und die Pattys in der Pfanne bei starker Hitze pro Seite 5 Min. braten. Nach dem Wenden Käsescheiben zum Schmelzen auf die Pattys legen.

4 Die untere Brötchenhälfte mit reichlich Preiselbeercreme bestreichen. Die Wildkräuter darauf verteilen, den Patty darauf platzieren, die obere Brötchenhälfte mit Schmand bestreichen, leicht pfeffern und auf den Burger setzen.

BIRNE-ROQUEFORT-BURGER

600 g Rinderhackfleisch | 2 TL Senf | Salz | Pfeffer | ¼ Birne | 4 Blätter Endiviensalat | 4 Stängel Zitronenmelisse | ½ rote Zwiebel | 100 g weiche Butter | 200 g Roquefort | 4 Burgerbrötchen (siehe S. 6)

Raffiniert kombiniert

Für 4 Burger | 35 Min. Zubereitung | 30 Min. Kühlen
Pro Portion ca. 1005 kcal, 56 g EW, 59 g F, 62 g KH

1 Den Grill anheizen. Hackfleisch, Senf sowie je 1 TL Salz und Pfeffer in eine Schüssel geben und mit beiden Händen 1–2 Min. kräftig kneten. Aus der Masse vier gleich große 2 cm hohe Pattys formen. Pattys auf ein mit Backpapier ausgelegtes Brett legen und mit Frischhaltefolie abgedeckt für mindestens 30 Min. in den Kühlschrank stellen.

2 Birne, Salat und Zitronenmelisse waschen. Birne entkernen und leicht schräg in dünne Scheiben schneiden. Salat und Melisse trocken schütteln. Die Melisseblättchen abzupfen und fein hacken. Die Zwiebel schälen und ebenfalls fein hacken. Butter, Zwiebel und Melisse mit einer Gabel verrühren und mit Salz und Pfeffer abschmecken. Den Roquefort in Scheiben schneiden.

3 Die Brötchen halbieren und auf dem heißen Grill ca. 10 Sek. rösten, dabei die Schnittflächen auf den Grillrost drücken. In jedes Patty eine Mulde drücken. Die Pattys 3,5 Min. pro Seite auf dem heißen Grill über direkter, starker Hitze bei geschlossenem Deckel grillen. Nach dem Wenden Roquefort auf die Pattys geben. Die Brötchenhälften mit Melissebutter bestreichen, auf die untere Hälfte Salat und Birne geben, den Patty darauflegen und mit oberer Brötchenhälfte schließen.

KANADA-BURGER

½ kleine rote Zwiebel | 600 g Schweinehackfleisch | Salz | Pfeffer | 1 fester Apfel | ½ kleine Fenchelknolle | 2 EL Apfelessig | 2 EL Kürbiskernöl | 40 g Pekannüsse | 2 EL Ahornsirup | 4 Burgerbrötchen (siehe S. 6) | 100 g Ricotta

Kernig und rustikal

Für 4 Burger | 35 Min. Zubereitung | 30 Min. Kühlen
Pro Portion ca. 880 kcal, 41 g EW, 48 g F, 70 g KH

1 Für die Pattys die Zwiebel schälen und fein hacken. Die Zwiebel mit dem Hackfleisch und je 1 TL Salz und Pfeffer in eine Schüssel geben. Alles mit den Händen 1–2 Min. kräftig verkneten. Aus der Hackfleischmasse mit angefeuchteten Händen oder mit der Pattypresse vier gleich große 2 cm hohe Pattys formen und mit Frischhaltefolie abgedeckt für 30 Min. in den Kühlschrank stellen.

2 Apfel schälen, vierteln und entkernen, Fenchel waschen, Strunk entfernen. Apfel und Fenchel auf einem Gemüsehobel in feine Scheiben hobeln. Essig, Öl, Salz und Pfeffer verquirlen, Apfel und Fenchel darin marinieren. Pekannüsse in einer Pfanne ohne Fett rösten, Ahornsirup dazugeben und die Nüsse kurz darin schwenken, dann beiseitestellen. Die Brötchen halbieren und rösten.

3 In jedes Patty eine Mulde drücken. Die Pattys in einer (Grill-)Pfanne 5–6 Min. pro Seite braten. Dabei nur einmal wenden. Brötchenhälften mit Ricotta bestreichen, die Sirupnüsse darauf verteilen. Patty und Apfel-Fenchel-Salat darüberschichten und mit der oberen Brötchenhälfte abschließen.

TIPP

Für noch mehr Pep im Patty sorgen 70 g klein gewürfelter Landschinken.

BRATKARTOFFEL-BURGER

Bratkartoffeln gehören zu unseren Leibspeisen. Daher werden sie nun in einem Burger geadelt und klassisch mit Spiegelei serviert. Guten Appetit!

600 g Rinderhackfleisch
Salz | Pfeffer
1 Zwiebel
400 g gekochte Kartoffeln vom Vortag (festkochend)
1 Handvoll Feldsalat
5 EL Butterschmalz
½ TL edelsüßes Paprikapulver
4 Kartoffelbrötchen
4 Eier
4 EL Remoulade

Herzhaft-rustikal

Für 4 Burger | 40 Min. Zubereitung | 15 Min. Backen
Pro Portion ca. 860 kcal, 46 g EW, 58 g F, 37 g KH

1 Das Hackfleisch in eine Schüssel geben, mit je 1 TL Salz und Pfeffer würzen und 1 – 2 Min. kräftig kneten. Aus der Masse vier gleich große 2 cm hohe Pattys formen. Die Pattys auf ein mit Backpapier ausgelegtes Brett legen und dann mit Frischhaltefolie abgedeckt für mindestens 30 Min. in den Kühlschrank geben.

2 Zwiebel schälen und in Ringe schneiden. Kartoffeln schälen und in Scheiben schneiden. Den Feldsalat waschen, putzen und trocken schütteln. Ofen auf 200° Umluft mit Grill vorheizen. Eine Pfanne erhitzen und die Zwiebelringe darin in 1 EL Butterschmalz bei mittlerer Hitze in 3 – 4 Min. goldbraun braten, beiseitestellen. 3 EL Butterschmalz in die Pfanne geben und Kartoffelscheiben darin bei mittlerer Hitze in 15 Min. goldbraun braten, nur ab und zu wenden. Mit Paprikapulver, Salz und Pfeffer würzen.

3 In die Mitte der Pattys eine Mulde drücken. Die Pattys auf ein mit Backpapier ausgelegtes Backblech legen und im vorgeheizten Ofen (oben) 15 Min. backen. Nach der Hälfte der Zeit wenden und auf den Rost legen. Backblech mit Backpapier in die Schiene darunter schieben. Nach dem Wenden eine zweite Pfanne erhitzen. Die Brötchen halbieren und darin rösten. Dann 1 EL Butterschmalz in der Pfanne erhitzen und darin in 3 – 4 Min. bei mittlerer Hitze vier Spiegeleier braten.

4 Brötchenhälften mit Remoulade bestreichen, auf die untere Hälfte Feldsalat geben. Bratkartoffeln darüberschichten und Zwiebeln darübergeben, Patty darauflegen und Spiegelei darauf anrichten. Mit oberer Brötchenhälfte abschließen.

BANANA JOE

Gebratene Banane kennen wir vor allem mit Honig serviert als Nachtisch. Aber sie macht auch im Burger eine tolle Figur.

2 Bio-Limetten
600 g Rinderhackfleisch
1 TL gemahlener Kreuzkümmel
½–1 TL Chilipulver
Salz
¼ Bund Koriandergrün
2 EL Erdnussmus (Bioladen)
1 Handvoll Babyspinat
1 Banane
1 EL Rapsöl
4 Sesambrötchen

Burger goes East

Für 4 Burger |
30 Min. Zubereitung |
30 Min. Kühlen
Pro Portion ca. 735 kcal, 47 g EW, 34 g F, 57 g KH

1 Für die Pattys die Limetten waschen, trocken reiben und die Schale fein abreiben. Die Limettenschale mit Hackfleisch, Kreuzkümmel, Chili und 1 TL Salz in eine Schüssel geben und alles mit den Händen 1 – 2 Min. kräftig kneten. Aus der Hackfleischmasse mit angefeuchteten Händen vier gleich große 2 cm hohe Pattys formen. Die Pattys mit Frischhaltefolie abgedeckt für mindestens 30 Min. in den Kühlschrank stellen.

2 Für die Erdnusssoße eine Limette auspressen. Den Koriander waschen und trocken schütteln, die Blättchen abzupfen und fein hacken. Den Limettensaft mit dem Erdnussmus, dem gehackten Koriander und ½ TL Salz glatt rühren. Den Babyspinat waschen und trocken schütteln. Die Banane schälen, quer teilen und die beiden Hälften längs in je vier Scheiben schneiden. Das Öl in einer beschichteten Pfanne erhitzen und die Bananenscheiben darin von jeder Seite 2 – 3 Min. braten.

3 Eine Grillpfanne erhitzen, die Brötchen halbieren und darin rösten, dann beiseitelegen. In jedes Patty mit einem Löffel eine Mulde drücken. Die Pattys in der heißen Pfanne pro Seite 5 Min. braten, dabei nur einmal wenden.

4 Die Erdnusssoße auf beiden Brötchenhälften verstreichen. Die Babyspinatblätter auf die Unterseite des Burgerbrötchens legen. Patty auf den Spinat schichten, zwei Bananenscheiben daraufgeben und die Oberseite des Brötchens auflegen.

ZIEGENKÄSE-DATTEL-BURGER

2 Knoblauchzehen | 12 getrocknete, entsteinte Datteln | Salz | Pfeffer | 40 g Mandelstifte | 600 g Lammhackfleisch | 1 TL Currypulver | 100 g Schmand | 150 g Ziegenkäserolle | 4 Blätter Lollo-Rosso-Salat | 4 Burgerbrötchen (siehe S. 6)

Süß und würzig

Für 4 Burger | 45 Min. Zubereitung | 30 Min. Kühlen
Pro Portion ca. 895 kcal, 47 g EW, 50 g F, 65 g KH

1 Knoblauch schälen, Datteln halbieren und beides im Blitzhacker fein hacken. Mit je 1 TL Salz und Pfeffer und den Mandelstiften zum Hackfleisch geben und 1–2 Min. kräftig kneten. Aus der Hackfleischmasse vier gleich große 2 cm hohe Pattys formen. Die Pattys mit Frischhaltefolie abgedeckt mindestens 30 Min. in den Kühlschrank stellen.

2 Curry und Schmand in eine Schüssel geben, mit einer Gabel verrühren und mit Salz abschmecken. Die Käserolle in ca. ½ cm dicke Scheiben schneiden, sodass zwölf Scheiben entstehen. Den Salat waschen und trocken schütteln.

3 Brötchen halbieren und rösten. Mit einem Löffel eine Mulde in die Mitte jedes Pattys drücken. Die Pattys in die Pfanne geben und bei mittlerer Hitze pro Seite 4–5 Min. braten. Dabei nur einmal wenden. Wer das Fleisch nicht so gerne rosa mag, brät es 5–6 Min. pro Seite. Nach dem Wenden den Käse auf die Pattys geben, damit dieser etwas zerfließt. Brötchenhälften mit Curryschmand bestreichen, darüber Salat geben, Patty darauflegen und mit der anderen Brötchenhälfte schließen.

LAMM-MINZE-BURGER

6 Stängel Minze | 2 Knoblauchzehen | 650 g Lammhackfleisch | Salz | Pfeffer | 8 Stängel Petersilie | ½ Aubergine | 160 g Feta | 5 EL Olivenöl | 1 Fladenbrot

Orientalische Aromen

Für 4 Burger | 40 Min. Zubereitung | 30 Min. Kühlen
Pro Portion ca. 900 kcal, 48 g EW, 49 g F, 67 g KH

1 Grill rechtzeitig anheizen. Die Minze waschen und trocken schütteln, Blättchen abzupfen und fein hacken. Knoblauch schälen und fein hacken. Knoblauch und Minze mit dem Hackfleisch, je 1 TL Salz und Pfeffer in eine Schüssel geben und 1 – 2 Min. kräftig kneten. Aus der Masse vier gleich große 2 cm hohe Pattys formen. Pattys abgedeckt für mindestens 30 Min. in den Kühlschrank stellen.

2 Petersilie und Aubergine waschen. Petersilienblättchen abzupfen und fein hacken. Aubergine längs in 1 cm dicke Scheiben schneiden. Beidseitig salzen und für ca. 15 Min. beiseitestellen. Feta zerbröseln und zur Petersilie geben. Mit 4 EL Öl, Salz und Pfeffer zu einer glatten Masse verrühren.

3 Das Fladenbrot in 4 Stücke schneiden, diese quer halbieren und die Innenseiten auf dem heißen Grill bei direkter, starker Hitze ca. 10 Sek. rösten. Die Auberginenscheiben trocken tupfen und mit 1 EL Olivenöl einreiben. Auf den Grill geben und bei direkter, starker Hitze ca. 1 Min. pro Seite grillen. Mit einem Löffel eine Mulde in die Mitte jedes Pattys drücken. Pattys bei hoher, direkter Hitze pro Seite 3,5 Min. grillen. Fetacreme auf die Fladenbrothälften streichen, Patty daraufgeben und darüber die gegrillte Aubergine schichten. Burger mit der oberen Fladenbrothälfte schließen.

BURGER AUS GEFLÜGEL …

… aber auch aus Fisch dürfen nicht fehlen. Da diese Zutaten meist fettärmer sind, haben wir oft Ei und Getreide zum Binden und Soßen für die Saftigkeit eingesetzt. Edle Stücke braten wir am liebsten im Ganzen.

FISCHBRÖTCHEN-BURGER

Im hohen Norden ist das Fischbrötchen ein echter Klassiker. Aber auch im Burger schmeckt die Kombination aus Fisch und Sahnemeerrettich einfach lecker.

500 g frisches Seelachsfilet
150 g Sahne
2 Brötchen vom Vortag
½ Stange Lauch
2 Eier
Salz | Pfeffer
4 EL Semmelbrösel
⅔ Salatgurke
6 Stängel Dill
4 Burgerbrötchen (siehe S. 6)
1 EL Rapsöl
4 EL Sahnemeerrettich

Fisherman's Friend

Für 4 Burger |
50 Min. Zubereitung |
30 Min. Kühlen
Pro Portion ca. 740 kcal,
42 g EW, 25 g F, 87 g KH

1 Das Seelachsfilet halbieren, die eine Hälfte fein würfeln, die andere Hälfte grob zerteilen. 100 g Sahne lauwarm erwärmen. Die Brötchen würfeln, in eine Schüssel geben, mit der warmen Sahne begießen und ziehen lassen. Die halbe Stange Lauch (das Grüne) waschen. Vier äußere Blätter vorsichtig abtrennen und beiseitelegen, das Innere fein hacken.

2 Eier, grobe Fischstücke und das Lauchinnere zur Brötchenmasse geben und mit dem Stabmixer zu einer homogenen Masse pürieren. Den fein gewürfelten Fisch unterkneten, salzen, pfeffern und dann mit feuchten Händen zu vier gleich großen 2 cm hohen Pattys formen. Die Pattys in Semmelbröseln wenden und auf ein mit Backpapier ausgelegtes Brett legen. Mit Frischhaltefolie abgedeckt für mindestens 30 Min. in den Kühlschrank stellen.

3 Die Gurke längs halbieren, die Kerne mit einem Löffel entfernen und die Gurke in Scheiben schneiden. Dill waschen, trocken schütteln, Blättchen abzupfen und fein hacken. Restliche Sahne zu Dill und Gurken geben, unterrühren und mit Salz und Pfeffer abschmecken. Abgedeckt kühl stellen. In einem Topf wenig Salzwasser zum Kochen bringen, Lauchblätter quer halbieren und 1 Min. blanchieren, danach kalt abschrecken.

4 Die Brötchen halbieren und rösten. Die Pattys aus dem Kühlschrank nehmen und mit einem Löffel eine Mulde in die Mitte drücken. Die Pattys in einer (Grill-)Pfanne bei mittlerer Hitze in Öl ca. 6 Min. pro Seite braten. Dabei nur einmal wenden. Die untere Brötchenhälfte mit Lauch und Gurkensalat belegen, Patty daraufgeben, obere Brötchenhälfte mit Sahnemeerrettich bestreichen und über den Patty klappen.

FITNESS-BURGER

400 g Putenbrust | 4 Stangen Staudensellerie | 1 Bio-Zitrone | 5 EL Quark (20 % Fett) | 2 geh. EL Speisestärke | Salz | Pfeffer | 4 EL gehackte gemischte Kräuter (frisch oder TK) | 1 Handvoll Feldsalat | 4 Vollkornbrötchen | 1 EL Rapsöl

Nach Festtagen

Für 4 Burger | 35 Min. Zubereitung | 30 Min. Kühlen
Pro Portion ca. 355 kcal, 33 g EW, 6 g F, 42 g KH

1 Putenbrust fein würfeln. Sellerie waschen, putzen und sehr fein hacken. Zitrone heiß abspülen, halbieren, Schale abreiben und Saft auspressen. Hälfte der Putenbrustwürfel mit 1 EL Quark pürieren. Dann mit restlichen Putenbrustwürfeln, den Selleriewürfeln, Speisestärke, Zitronensaft und der Hälfte der Schale in eine Schüssel geben, salzen, pfeffern und gut verkneten. Aus der Masse vier gleich große 2 cm hohe Pattys formen. Pattys auf ein mit Backpapier ausgelegtes Brett legen und mit Frischhaltefolie abgedeckt für 30 Min. in den Kühlschrank stellen.

2 Restlichen Quark, übrige Zitronenschale und Kräuter in eine Schüssel geben, mit Salz und Pfeffer würzen und zu einer glatten Masse verrühren. Feldsalat waschen, abtropfen lassen und putzen.

3 Vollkornbrötchen halbieren und in einer heißen Pfanne rösten, beiseitestellen. Dann das Öl in der Pfanne erhitzen, in die Mitte der Pattys eine Mulde drücken und die Pattys bei mittlerer Hitze pro Seite 6 Min. braten. Einmal wenden.

4 Brötchenhälften mit Kräuterquark bestreichen. Auf die untere Hälfte Feldsalat geben. Patty darauflegen und mit dem Brötchendeckel schließen.

SPARGEL-LACHS-BURGER

60 g Butter | 2 Eier | 2 EL Zitronensaft | Salz | Pfeffer | 20 g Kerbel | 8 Stangen grüner Spargel | 3 TL Olivenöl | 4 Stücke Lachs ohne Haut (à 100 g) | 4 Scheiben milder Comté (à 25 g) | 4 Burgerbrötchen (siehe S. 6)

Frühlingsfrisch

Für 4 Burger | 40 Min. Zubereitung
Pro Portion ca. 760 kcal, 40 g EW, 43 g F, 52 g KH

1 Butter schmelzen, Eier trennen. Eigelbe mit Zitronensaft verquirlen, in eine Metallschüssel geben, die genau auf einen Topf passt. Im Topf Wasser zum Kochen bringen, die Schüssel so darüberhängen, dass sie das Wasser nicht berührt. Den Eiermix salzen, pfeffern und mit dem Schneebesen verrühren, bis eine dickliche Creme entsteht. Die Butter unter Rühren einfließen lassen, bis die Hollandaise andickt, dann beiseitestellen. Den Kerbel waschen, trocken schütteln und fein hacken, am Schluss in die Hollandaise geben.

2 Ofen auf 160° vorheizen (Umluft nicht empfehlenswert). Spargel im untern Drittel schälen, Enden abschneiden, Stangen längs halbieren, dann quer durchschneiden. Eine Pfanne erhitzen, 2 TL Öl zugeben Den Lachs salzen und pfeffern und bei mittlerer Hitze 1 Min. pro Seite anbraten, dann auf ein mit Backpapier ausgelegtes Backblech legen und für 10 Min. in den Ofen (Mitte) geben. Nach 5 Min. Käse auf die Lachsstücke legen. In der Zwischenzeit Spargel in restlichem Öl 2 – 3 Min. anbraten.

3 Brötchen halbieren, rösten und mit Hollandaise bestreichen. Auf die untere Brötchenhälfte den Spargel geben, dann den Lachs darauflegen und mit der oberen Brötchenhälfte schließen.

WEIHNACHTS-BURGER

An Weihnachten Burger essen? Warum denn nicht! Mit Entenbrust, gebratenen Apfelringen und Orangenaroma hat dieses feine Exemplar das Zeug zum modernen Klassiker.

1 Entenbrust (ca. 350 – 400 g)
1 Apfel
50 g Ziegencamembert
½ Bio-Orange
½ kleine Rote Bete
Chilipulver
Salz
4 Gewürz-Spekulatiuskekse
2 EL Doppelrahmfrischkäse
4 Burgerbrötchen (siehe S. 6)

Festlich

Für 4 Burger |
45 Min. Zubereitung
Pro Portion ca. 630 kcal,
34 g EW, 21 g F, 74 g KH

1 Backofen auf 160° (Umluft nicht empfehlenswert) vorheizen. Die Entenbrust waschen, trocken tupfen und mit einem scharfen Messer die Haut rautenförmig einritzen, ohne das darunterliegende Fleisch zu verletzen (Bild 1). Den Apfel waschen, trocken reiben und mit einem Apfelausstecher das Kerngehäuse entfernen. Den Apfel dann quer in 1 cm dicke Ringe schneiden. Den Camembert in Scheiben schneiden.

2 Eine beschichtete Pfanne erhitzen, die Entenbrust auf der Hautseite 2 Min. scharf anbraten, wenden und 1 weitere Minute braten. Dann mit der Hautseite nach oben in eine ofenfeste Form geben und im Ofen 15 Min. garen. 2 Min. vor Garzeitende Camembert auf die Entenbrust schichten (Bild 2). Apfelringe im Entenfett bei mittlerer Hitze 2 Min. pro Seite braten, dann beiseitestellen.

3 Die halbe Orange heiß abspülen, die Schale abreiben und den Saft auspressen. Rote Bete schälen und fein raspeln. Mit Orangenabrieb, einer Prise Chilipulver und Salz würzen, beiseitestellen. Die Spekulatiuskekse im Mörser zerstoßen und mit Frischkäse, 1 Msp. Chilipulver, Orangensaft und Salz vermengen.

4 Brötchen halbieren und rösten. Entenbrust schräg in Scheiben schneiden (Bild 3). Untere Brötchenhälfte mit Frischkäse bestreichen, Rote-Bete-Raspel und Apfelscheiben darübergeben, Entenbrust daraufschichten und mit oberer Brötchenhälfte schließen.

1

2

3

ESPAÑA-BURGER

1–2 Knoblauchzehen | 100 g Mayonnaise | 2 Hähnchenbrustfilets (à 200 g) | Salz | Pfeffer | 12 Scheiben Chorizo | 8 Pimientos de Padron (kleine, grüne Paprikaschoten) | 60 g Manchego | 8 Scheiben ovales Weißbrot (ca. 1 cm dick) | 4 EL Olivenöl

La vida loca

Für 4 Burger | 40 Min. Zubereitung
Pro Portion ca. 680 kcal, 34 g EW, 48 g F, 27 g KH

1 Knoblauch schälen und sehr fein hacken oder durch die Presse drücken. Mit der Mayonnaise zu einer Aioli verrühren. Die Hähnchenbrustfilets waschen, mit Küchenpapier trocken tupfen, salzen, pfeffern und flach auf die Arbeitsfläche legen. Mit einem scharfen Messer quer durchschneiden. Jede Hälfte mit 3 Scheiben Chorizo belegen und diese fest an das Fleisch andrücken.

2 Pimientos waschen, trocknen und Stiele entfernen. Die Rinde vom Manchego abschneiden und den Käse mit dem Sparschäler in Scheiben hobeln.

3 Eine Pfanne erhitzen und die Weißbrotscheiben darin auf einer Seite rösten, herausnehmen. Dann 2 EL Olivenöl darin erhitzen, Pimientos dazugeben und bei starker Hitze 5 Min. rundherum scharf anbraten, bis die Haut Blasen wirft. Dann salzen. In einer zweiten Pfanne Hähnchen in übrigem Öl bei mittlerer Hitze 8–10 Min. pro Seite braten. Nach dem Wenden Manchego auf das Hähnchen geben.

4 Weißbrot auf der gerösteten Seite mit Aioli bestreichen, Hähnchen und Pimientos darübergeben und mit einer weiteren Weißbrotscheibe bedecken.

CRISPY-CHICKEN-BURGER

1 rote Paprikaschote | 50 g Zuckerschoten | 5 EL Rapsöl | 1 EL Sojasoße | 2 Eier | 80 g ungesüßte Cornflakes (Bioladen) | 2 TL Speisestärke | 2 Hähnchenbrustfilets (à 150 g) | 50 g Chinakohl | 4 Burgerbrötchen (siehe S. 6) | süß-saure Chilisoße

Im Knuspermantel

Für 4 Burger | 30 Min. Zubereitung
Pro Portion ca. 680 kcal, 34 g EW, 23 g F, 81 g KH

1 Paprika und Zuckerschoten waschen. Paprika entkernen und in feine Streifen schneiden, Zuckerschoten schräg halbieren. Pfanne erhitzen und das Gemüse in 1 EL Öl 1 Min. scharf anbraten, mit Sojasoße mischen, beiseitestellen.

2 Die Eier verquirlen. Die Cornflakes, Speisestärke und den Eiermix in je einen tiefen Teller geben. Die Hähnchenbrustfilets waschen, trocken tupfen und mit einem scharfen Messer quer halbieren. Das Fleisch in Speisestärke wälzen, abklopfen, durch den Eiermix ziehen und in Cornflakes wälzen. Chinakohl waschen und in feine Streifen schneiden.

3 Die Brötchen halbieren und in einer heißen Pfanne rösten. Das Hähnchen im restlichen Öl bei mittlerer Hitze 7 Min. pro Seite braten. Die Brötchenhälften mit Chilisoße bestreichen, Chinakohl darübergeben, die Hähnchenfilets daraufgeben, dann das Paprikagemüse darüberschichten und mit der zweiten Brötchenhälfte schließen.

NEW-YORK-RAMEN-BURGER

Er ist der letzte Schrei, für den New Yorker stundenlang Schlange stehen: Der Ramen-Burger, der statt mit Brötchen mit knusprigen Nudelnestern überzeugt.

600 g Hähnchenschnitzel
6 EL Sojasoße
5 EL Zitronensaft
4 EL Maismehl
4 Msp. Chilipulver
Salz
400 g Ramen (asiatische Weizennudeln)
1 Frühlingszwiebel
4 cm Ingwer
1 großer Pak Choi
4 TL Rapsöl
2 Eier
2 TL mildes Currypulver

Trendig mit Asia-Note

Für 4 Burger |
1 Std. 20 Min. Zubereitung
Pro Portion ca. 750 kcal,
53 g EW, 19 g F, 92 g KH

1 Hähnchenschnitzel waschen, trocken tupfen und sehr fein hacken. 4 EL Sojasoße, 4 EL Zitronensaft und die Hälfte des Hähnchenfleischs mit einem Stabmixer zu einer homogenen Masse pürieren. Diese mit Maismehl, Chilipulver und restlichem Fleisch in eine Schüssel geben, gründlich verkneten und mit feuchten Händen zu vier gleich großen 2 cm hohen Pattys formen. Pattys auf ein mit Backpapier ausgelegtes Brett legen und mit Frischhaltefolie abgedeckt für mindestens 30 Min. in den Kühlschrank stellen.

2 Salzwasser zum Kochen bringen, Ramen darin 4 Min. garen, dann abgießen. Frühlingszwiebel waschen, putzen und in feine Ringe schneiden. Ingwer schälen und fein reiben. Blätter vom Pak Choi abzupfen, waschen, trocken schütteln, die weißen Enden abtrennen und in feine Streifen schneiden. Die grünen Blätter ebenfalls in Streifen schneiden und beiseitelegen. Ingwer mit 1 EL Zitronensaft und 2 EL Sojasoße in einem Topf erhitzen. Die weißen Pak-Choi-Streifen zugeben und bei starker Hitze offen 2–3 Min. kochen lassen, gelegentlich umrühren. Zum Schluss restlichen Pak Choi zugeben und durchschwenken. Vom Herd ziehen.

3 Den Ofen auf 50° vorheizen. Eine große, beschichtete Pfanne auf mittlere Hitze vorheizen, 1 TL ÖL darin erhitzen. Die Nudeln mit Eiern, Currypulver und Salz vermengen und in acht Portionen teilen. Je eine Portion mit einer Gabel auf einer Untertasse zu einem Türmchen rollen, mit einer zweiten Untertasse platt drücken und in die heiße Pfanne gleiten lassen, bei Bedarf noch einmal platt drücken. Das Nudelnest sollte ca. 12 cm Durchmesser haben. Auf diese Weise vier Portionen in die Pfanne geben und 6–7 Min. pro Seite braten. Übrige Portionen ebenso in 1 TL Öl braten. Fertige Nudelnester im Ofen warm halten.

4 Die Pattys aus dem Kühlschrank nehmen und mit einem Löffel eine Mulde in die Mitte drücken, dann eine Pfanne erhitzen und die Pattys darin mit 2 TL ÖL bei mittlerer Hitze pro Seite ca. 5 Min. braten. Einmal wenden. Auf vier Nudelnester Pak Choi geben, das Fleisch darauflegen, die Frühlingszwiebel darübergeben und die Burger mit den übrigen Nudelnestern schließen.

BIRNE-BACON-BURGER

Ein Burger für Feinschmecker! Rauchiger Schinken, herber Radicchio und süßer Ahornsirup sind aber auch ein gutes Team ...

2 Hähnchenbrustfilets (à 200 g)
8 Scheiben Schwarzwälder Schinken
4 Blätter Radicchio
1 saftige Birne
4 EL Doppelrahmfrischkäse
2 EL Ahornsirup
Salz | Pfeffer
4 Burgerbrötchen (siehe S. 6)

Raffiniert

Für 4 Burger |
30 Min. Zubereitung
Pro Portion ca. 635 kcal,
44 g EW, 20 g F, 71 g KH

1 Die Hähnchenbrustfilets waschen, trocken tupfen und dann längs halbieren. Je 2 Scheiben Schinken überlappend auf ein Schneidbrett legen. Jeweils ein halbes Filet auf zwei Scheiben Schinken legen und fest darin einwickeln.

2 Den Radicchio waschen und trocken schütteln. Die Birne schälen, entkernen und anschließend der Länge nach leicht schräg in ½ cm dicke Scheiben schneiden.

3 Den Frischkäse und den Ahornsirup in eine kleine Schüssel geben und mit einem Schneebesen zu einer festen Creme verrühren. Mit Salz und Pfeffer würzen.

4 Eine Pfanne ohne Fett erhitzen. Die Brötchen halbieren und in der Pfanne bei starker Hitze rösten, dann beiseitestellen. In derselben Pfanne die eingewickelten Filets bei mittlerer Hitze ca. 6 Min. pro Seite braten. Brötchenhälften mit Frischkäsecreme bestreichen. Untere Hälften mit Radicchio belegen, die Birnenspalten darüberschichten, das Fleisch quer darüberlegen und die Burger mit den Brötchendeckeln schließen.

TIPP **Im Sommer schmecken statt der Birne auch reife, in Spalten geschnittene Berg-Pfirsiche. Diese haben eine zarte Haut und müssen deshalb nicht einmal geschält, sondern lediglich gründlich gewaschen werden.**

CHRISTIANS
SOLINGEN

VEGETARISCHE UND VEGANE BURGER

Frisch, aufregend und aromatisch: Burger aus Gemüse, Tofu & Co. eroberten unsere Herzen im Nu. Das Geheimnis: Gewürze und Kräuter sorgen für vollen Geschmack, Haferflocken, Grieß und Polenta für eine tolle Konsistenz.

POLENTA-BURGER

Wer träumt sich nicht ab und zu nach Italien! Mit diesem Hit aus knuspriger Polenta und würzigem Pesto ist man gedanklich schon im Urlaub.

2 TL Kapern
50 g schwarze, entsteinte Oliven
6 Salbeiblätter
40 g Butter
130 g Polenta (Maisgrieß)
1 Zucchino
50 g Parmesan
4 Blätter Romanasalat
4 Burgerbrötchen (siehe S. 6)
3 EL Olivenöl
1 kleines Glas Pesto verde

Italienisch gut

Für 4 Burger | 40 Min. Zubereitung | 2 Std. Auskühlen
Pro Portion ca. 720 kcal, 23 g EW, 32 g F, 85 g KH

1 Kapern fein, Oliven grob hacken. Salbei waschen, trocken schütteln und in feine Streifen schneiden. ½ l Wasser in einem Topf zum Kochen bringen, Butter einrühren. Polenta, Kapern, Oliven und Salbei zugeben (Bild 1) und unter Rühren aufkochen lassen, dann vom Herd ziehen und 10 Min. quellen lassen.

2 Ein Brett mit Backpapier auslegen, die gequollene Polenta darauf zu zwei Rechtecken à 10 × 20 cm ausstreichen (Bild 2) und 1 – 2 Std. auskühlen lassen. Dann jedes Rechteck quer durchschneiden, sodass insgesamt vier Pattys entstehen.

3 Zucchino waschen, die Enden abschneiden. Zucchino längs in ½ cm dicke Streifen schneiden. Parmesan mit dem Sparschäler in feine Streifen hobeln (Bild 3), Salat waschen und trocken schütteln. Eine beschichtete Pfanne erhitzen. Brötchen halbieren und darin rösten, beiseitestellen. Dann Zucchinistreifen bei mittlerer Hitze in 1 EL Öl 3 Min. pro Seite anbraten, herausnehmen.

4 2 EL Öl in die Pfanne geben und die Polenta-Pattys darin 5 Min. pro Seite braten. Nach dem Wenden den Parmesan auf die Pattys legen und anschmelzen lassen. Das Pesto auf die Brötchenhälften streichen, Salat und Zucchinistreifen daraufgeben. Patty darauflegen und mit der oberen Brötchenhälfte abdecken.

TIPP Die Polenta-Rechtecke lassen sich auch prima schon am Vortag zubereiten. Dann am besten auf einen Teller geben und über Nacht abgedeckt in den Kühlschrank stellen.

1

2

3

CRUNCHY NUT

250 g gemischte Nüsse | 4 EL Zucker | 3 EL Olivenöl | 2 EL Honig | 100 g entsteinte schwarze Oliven | 2 TL Kapern | 2 EL Zitronensaft | 10 Weintrauben | 4 Blätter Radicchio | 100 g Camembert | 4 Burgerbrötchen (siehe S. 6)

Französisch-nussig

Für 4 Burger | 25 Min. Zubereitung
Pro Portion ca. 915 kcal, 25 g EW, 56 g F, 77 g KH

1 Nüsse grob hacken und bei mittlerer Hitze ohne Fett in einer beschichteten Pfanne rösten, bis sie duften, herausnehmen. Dann den Zucker in der Pfanne hell karamellisieren lassen. Erst 1 EL Olivenöl, dann den Honig zugeben und zusammen mit den Nüssen unter den Karamell mischen. 1–2 Min. bei mittlerer Hitze unter gelegentlichem Rühren einkochen lassen, dann vom Herd nehmen, bevor der Karamell zu dunkel wird. Die Masse sofort auf ein mit Backpapier ausgelegtes Blech geben, mit einem Spatel zu vier kompakten runden Pattys formen und erkalten lassen.

2 Oliven, Kapern, Zitronensaft und übriges Olivenöl in einen Rührbecher geben und pürieren. Weintrauben und Radicchio waschen und trocknen. Trauben nach Bedarf entkernen, dann längs halbieren. Camembert in Scheiben schneiden.

3 Die Brötchen halbieren und rösten. Brötchenhälften dünn mit Olivenpaste bestreichen, den Radicchio auf die untere Hälfte geben. Die Weintrauben darauflegen und Nusspatty darüberschichten. Zuletzt Camembert darauflegen. Den Käse mit einem Küchengasbrenner nach Belieben leicht bräunen und schmelzen lassen. Dann den Burger mit der oberen Brötchenhälfte schließen.

MANGO KÜSST MOZZARELLA

1 kleine Zwiebel | 1 Mango (350 g) | 3 EL Zucker | Salz | 1 Msp. Chilipulver | 2 EL Aceto balsamico bianco | 250 g Mozzarella | 1 Ei | 4 EL Mehl | 100 g gemahlene Haselnüsse | ½ Salatgurke | 4 Burgerbrötchen (siehe S. 6) | 2 EL Öl

Nussig-fruchtig

Für 4 Burger | 45 Min. Zubereitung
Pro Portion ca. 850 kcal, 30 g EW, 37 g F, 99 g KH

1 Für das Mango-Chutney die Zwiebel schälen und fein hacken. Die Mango schälen, hochkant aufstellen, das Fruchtfleisch mit einem scharfen Messer rechts und links dicht vom Stein abschneiden und fein würfeln. Zwiebeln und Mango mit Zucker, Salz, Chili und Essig in einen Topf geben und einmal aufkochen lassen. Die Hitze reduzieren und alles bei mittlerer Hitze unter gelegentlichem Rühren in 10 Min. sirupartig einkochen lassen.

2 Inzwischen Mozzarella abtropfen lassen, quer in vier Scheiben schneiden und trocken tupfen. Ei verquirlen. Das Ei, Mehl und Haselnüsse in je einen tiefen Teller geben. Mozzarella zuerst im Mehl wenden, dann durch das Ei ziehen und anschließend gleichmäßig von allen Seiten mit den Haselnüssen panieren. Die Gurke waschen und mit dem Sparschäler in dünne Streifen schneiden.

3 Eine Pfanne erhitzen, Brötchen halbieren und darin rösten. Die Pattys bei mittlerer Hitze in Öl 1,5 – 2,5 Min. pro Seite braten. Darauf achten, dass die Nüsse nicht dunkel werden. Die Brötchenhälften mit Chutney bestreichen, die Hälfte der Gurke auf die untere Hälfte geben, Patty darüberschichten, Gurkenstreifen darauflegen und mit der oberen Brötchenhälfte bedecken.

SOMMERGLÜCK

70 g rote Linsen | ½ rote Zwiebel | 400 g Feta | 400 g Wassermelone | 1 TL Garam Masala | Salz | 4 Msp. Chilipulver | 100 g Semmelbrösel | 1 Ei | 1 weiche, große Avocado | 1 Bio-Zitrone | 4 Burgerbrötchen (siehe S. 6)

Mit Wassermelone

Für 4 Burger | 50 Min. Zubereitung
Pro Portion ca. 805 kcal, 36 g EW, 37 g F, 81 g KH

1 Linsen nach Packungsangabe kochen. Zwiebel schälen und fein hacken. 50 g Feta reiben. Den Rest in vier gleich große Scheiben schneiden. Wassermelone schälen, Kerne entfernen und 100 g Melone fein würfeln. Den Rest in vier gleich große Scheiben schneiden. Wassermelonenwürfel mit Linsen, Zwiebel, geriebenem Feta, Garam Masala, Salz, 2 Msp. Chilipulver, Semmelbröseln und Ei in eine Schüssel geben und gründlich verkneten. Mit feuchten Händen daraus vier Pattys formen und abgedeckt im Kühlschrank 30 Min. quellen lassen.

2 Avocado schälen und vom Kern lösen. Zitronenschale abreiben und Saft auspressen. Avocado mit restlichem Chilipulver, Salz, Zitronenschale und 2 TL Zitronensaft in eine Schüssel geben und mit einer Gabel zu einer glatten Masse vermengen.

3 Brötchen halbieren und auf dem Grill bei direkter, starker Hitze ca. 10 Sek. rösten. Pattys bei direkter starker Hitze ca. 3,5 Min. pro Seite bei geschlossenem Deckel grillen. Brötchenhälften mit Avocadocreme bestreichen, Feta darauflegen und den Patty daraufgeben. Die Melone daraufschichten und mit der oberen Brötchenhälfte schließen.

HOT HALLOUMI

2 Frühlingszwiebeln | 1 Mango (350 g) | 1 Bio-Limette | 1 rote Chili | 60 g Pistazien | 4 Baguettebrötchen | 3 EL Öl | 4 Stücke Halloumi (à 100 g; zypriotischer Grillkäse)

Fruchtig-scharf

Für 4 Burger | 30 Min. Zubereitung
Pro Portion ca. 695 kcal, 31 g EW, 43 g F, 47 g KH

1 Frühlingszwiebeln waschen und putzen. Knapp über dem weißen Teil abschneiden, den weißen Strunk längs halbieren. Mango schälen, hochkant aufstellen, das Fruchtfleisch rechts und links dicht vom Stein abschneiden und in ½ cm dicke Scheiben schneiden. Vier Scheiben beiseitelegen, den Rest fein würfeln. Von der Limette die Schale abreiben, Saft auspressen. Chili waschen, entkernen und in feine Streifen schneiden, diese dann fein hacken. Mangowürfel, Limettenschale und -saft und Pistazien in einen hohen Rührbecher geben und mit einem Stabmixer pürieren.

2 Zwei Pfannen erhitzen. Brötchen halbieren, in einer Pfanne rösten. Danach Mangoscheiben und Frühlingszwiebeln in der gleichen Pfanne bei mittlerer Hitze in 1 EL Öl anbraten. Dabei die Frühlingszwiebeln 1,5 Min. pro Seite braten, die Mangoscheiben 3 – 4 Min. pro Seite. In der zweiten Pfanne 2 EL Öl erhitzen und den Halloumi darin pro Seite 3 – 4 Min. bei mittlerer Hitze braten.

3 Brötchenhälften mit Mango-Pistazien-Soße bestreichen, je eine halbe Frühlingszwiebel auf die untere Hälfte legen, Halloumi und Mango daraufgeben und mit oberer Brötchenhälfte schließen.

SPINAT-KICHERERBSEN-BURGER

Spinat und Kichererbsen sind ein tolles Team, das auch im Burger überzeugt. Dieser hier ist außen knusprig, innen weich und schmeckt nach 1001 Nacht.

300 g Kartoffeln (mehligkochend)
½ Bio-Zitrone
2 Knoblauchzehen
80 g frischer Spinat
125 g Kichererbsen (Glas, Abtropfgewicht)
2 TL Tahin
4 EL Olivenöl + Öl zum Braten
3 TL gemahlener Kreuzkümmel
Salz
2 Msp. Chilipulver
100 g Weizenmehl
3 – 4 EL Polenta (Maisgrieß)
4 vegane Sesambrötchen (siehe S. 6)
1 Tomate

Vegan

Für 4 Burger | 45 Min. Zubereitung
Pro Portion ca. 535 kcal, 12 g EW, 24 g F, 67 g KH

1 Die Kartoffeln schälen, in kleine Stücke schneiden und in wenig Wasser in 12 Min. weich garen, bis sie fast zerfallen, dann abgießen. In der Zwischenzeit von der Zitrone die Schale abreiben und den Saft auspressen. Die Knoblauchzehen schälen und durch eine Presse drücken. Den Spinat waschen, trocken schütteln, ein paar Blätter beiseitelegen, den Rest fein hacken. Die Kichererbsen mit Tahin, 2 – 3 EL Öl, der Hälfte des Knoblauchs, dem Zitronensaft und 1 TL Kreuzkümmel in ein hohes Gefäß geben und mit dem Stabmixer pürieren. Das Hummus mit Salz abschmecken.

2 Die Kartoffeln mit einem Kartoffelstampfer oder einer Gabel zerdrücken, mit gehacktem Spinat, 2 TL Kreuzkümmel, Chilipulver, restlichem Knoblauch, Zitronenschale, 1 TL Salz und Mehl in eine Schüssel geben und gut vermengen. Aus der Masse mit feuchten Händen vier Pattys formen. Maisgrieß in einen Teller geben und Pattys damit von allen Seiten panieren.

3 Eine Pfanne erhitzen. Die Brötchen halbieren und darin rösten. Die Pattys in 2 EL ÖL 6 Min. pro Seite bei mittlerer Hitze braten. Inzwischen Tomate waschen in Scheiben schneiden. Mit 1 EL Öl in eine Schüssel geben. Leicht salzen und vermengen. Brötchenhälften mit Hummus bestreichen, auf die untere Hälfte Spinatblätter geben und Patty darauflegen. Tomate darüberschichten und mit oberer Brötchenhälfte abdecken.

TIPP **Burger und vegan – passt das zusammen? Aber ja! Leider bekommt man vegane Burgerbrötchen nur sehr selten zu kaufen, darum ist Selbermachen angesagt. Ersetzen Sie im Grundrezept Burgerbrötchen (siehe S. 6) einfach die Buttermilch durch Sojamilch und schon bald wird es in Ihrer veganen Backstube verführerisch duften.**

MEXICANA-BURGER

100 g feine Sojaschnetzel | 2 kleine Zwiebeln | 3 EL Öl | 6 EL schwarze Bohnen in Chilisauce (200 g, Dose) | 4 EL Sojamehl | 1 TL Rauchsalz | 2 EL Sojasauce | 100 g Semmelbrösel | 4 Blätter Romanasalat | 1 Avocado | 4 vegane Burgerbrötchen (siehe S. 6) | 4 TL scharfe Salsa-Sauce

Vegan

Für 4 Burger | 40 Min. Zubereitung
Pro Portion ca. 735 kcal, 32 g EW, 26 g F, 92 g KH

1 Für die Pattys die Sojaschnetzel in eine ausreichend große Schüssel geben. Die Schnetzel anschließend mit heißem Wasser übergießen und nach Packungsangabe ziehen lassen. Die Zwiebeln schälen und fein hacken. 1 EL Öl in eine heiße Pfanne geben und die Zwiebeln darin bei mittlerer Hitze in ca. 4 Min. glasig dünsten.

2 Die Sojaschnetzel in einem mit einem Küchentuch ausgelegten Sieb kurz abtropfen lassen. Restliche Flüssigkeit gut ausdrücken.

3 Warme Sojaschnetzel, Zwiebeln, Bohnen, Sojamehl, Salz, Sojasauce und Semmelbrösel in eine Schüssel geben und gründlich miteinander verkneten. Aus der Masse vier runde Pattys formen. Salat waschen und trocken schütteln, Avocado entsteinen, schälen und in dünne Spalten schneiden. Brötchen halbieren und in der Pfanne rösten.

4 Die Pattys in einer (Grill-)Pfanne in 2 EL Öl bei mittlerer Hitze 6 Min. pro Seite braten. Die Brötchenhälften mit Salsa-Sauce bestreichen. Auf die unteren Hälften den Salat legen, die Avocado darüberschichten, die Pattys daraufgeben und mit der oberen Brötchenhälfte schließen.

BALKAN-BURGER

3 Knoblauchzehen | 250 g Hokkaido-Kürbis | Salz | 1 Msp. Harissa | 250 g zarte Haferflocken | 6 EL Rapsöl | 2 rote Zwiebeln | 4 vegane Burgerbrötchen (siehe S. 6) | 120 g veganes Gyros | 4 EL Joghurt-Knoblauch-Soße (siehe Umschlagklappe hinten, mit Sojajoghurt zubereitet) | 4 TL Ajvar (scharfe Paprikapaste, Glas)

Vegan

Für 4 Burger | 45 Min. Zubereitung
Pro Portion ca. 795 kcal, 29 g EW, 29 g F, 102 g KH

1 Ofen auf 220° (Umluft nicht empfehlenswert) vorheizen. Knoblauch schälen und fein hacken oder pressen. Kürbis waschen, entkernen und auf einer Gemüsereibe grob raspeln. Die Hälfte des Knoblauchs, Kürbis, 1 TL Salz, Harissa und Haferflocken in eine Schüssel geben und mit 200 ml heißem Wasser übergießen. Alles gut mit einer Gabel vermengen. Mit feuchten Händen aus der Masse vier Pattys formen. Von beiden Seiten mit insgesamt 1 EL Öl bestreichen, auf ein mit Backpapier ausgelegtes Backblech geben und im Ofen (Mitte) 35 Min. backen, nach der Hälfte der Zeit wenden.

2 Zwiebeln schälen, in Ringe schneiden und in einer Pfanne in 4 EL Öl braun anbraten.

3 Die Brötchen halbieren und in einer Pfanne rösten. Beiseitestellen. 1 EL Öl in der Pfanne erhitzen und das Gyros darin bei starker Hitze 5 Min. anbraten. Die untere Brötchenhälfte mit der Joghurt-Knoblauch-Soße, die obere Hälfte mit 1 TL Ajvar bestreichen. Patty auf Joghurt-Knoblauch-Soße geben, Gyros und Zwiebeln darüberschichten und mit der oberen Brötchenhälfte abdecken.

GRILLGEMÜSE-TOFU-BURGER

»Und, grillst du als Veganer auch?« »Na klar!« Brötchen, Tofu und Gemüse sind nach dem Brutzeln über glühenden Kohlen nämlich besonders aromatisch.

1 Aubergine
1 Paprika
1 Zucchino
1 Zweig Rosmarin
1 Handvoll Rucola
Salz
3 EL Olivenöl
1 EL Aceto balsamico
4 EL Joghurt-Knoblauch-Soße (siehe Umschlagklappe hinten, mit Sojajoghurt zubereitet)
500 g Naturtofu
4 vegane Sonnenblumenkern-Brötchen

Vegan

Für 4 Burger |
40 Min. Zubereitung
Pro Portion ca. 385 kcal,
20 g EW, 20 g F, 31 g KH

1 Aubergine, Paprika, Zucchino, Rosmarin und Rucola waschen und trocknen. Aubergine in ½ cm dicke Scheiben schneiden. Mit Salz bestreuen, 10 Min. ziehen lassen, dann trocken tupfen. Paprika entkernen, Stiel entfernen. Paprika in breite Streifen schneiden. Zucchino in ½ cm dicke Scheiben schneiden. Gemüse mit 1 EL Olivenöl marinieren und in eine Grillschale geben.

2 Rosmarinnadeln abstreifen und fein hacken. Mit Essig und etwas Salz mischen und beiseitestellen. Joghurt-Knoblauch-Soße zubereiten, dabei Joghurt durch Sojajoghurt ersetzen. Tofu vierteln, trocken tupfen und mit 2 EL Öl einpinseln.

3 Brötchen auf dem heißen Grill rösten. Gemüse in der Grillschale und Tofu auf den Grill geben. Tofu 3,5 – 4 Min. pro Seite grillen, Gemüse insgesamt 8 Min. grillen, zwischendurch schwenken. Untere Brötchenhälfte mit Joghurt-Knoblauch-Soße bestreichen. Rucola darübergeben, dann den Tofu darauflegen. Gemüse nach dem Grillen mit der Rosmarin-Balsamico-Marinade mischen und auf den Tofu geben, mit der oberen Brötchenhälfte abdecken.

TIPP **Hier haben wir den Tofu einmal ganz pur gelassen. Wer etwas experimentierfreudiger ist, kann den Tofu mit einer leckeren Marinade (siehe hintere Umschlagklappe) bepinseln, bevor er ihn auf den Grill legt. Und auch mit Räuchertofu schmeckt dieser Burger ausgezeichnet.**

REGISTER

Damit Sie Rezepte mit bestimmten Zutaten noch schneller finden, sind in diesem Register auch beliebte Zutaten wie **Gurke** oder **Käse** alphabetisch eingeordnet und hervorgehoben. Darunter finden Sie das Rezept Ihrer Wahl. Vegetarische Rezepte sind grün abgesetzt.

Projektleitung: Verena Kordick
Lektorat: Margarethe Brunner
Korrektorat: Petra Bachmann
Innen- und Umschlaggestaltung: independent Medien-Design, Horst Moser, München
Herstellung: Renate Hutt
Satz: Kösel, Krugzell
Reproduktion: Repro Ludwig, Zell am See
Printed in China
Syndication:
www.seasons.agency

12. Auflage 2018
ISBN 978-3-8338-3962-7

www.facebook.com/gu.verlag

GRÄFE UND UNZER

Ein Unternehmen der
GANSKE VERLAGSGRUPPE

Die Autoren

Der Oecotrophologe **Alexander Dölle** arbeitet bei einem Anbieter für Bioprodukte und kreierte bereits Rezepte für zahlreiche Kochbücher. **Sarah Schocke** ist ebenfalls Oecotrophologin und arbeitet als freie Fachjournalistin und Buchautorin mit den Schwerpunkten Ernährung und Genussküche in Frankfurt am Main.

Der Fotograf

Jörn Rynio zählt zu seinen Auftraggebern internationale Zeitschriften, namhafte Buchverlage und Werbeagenturen. Mit einer großen Portion Kreativität und appetitanregendem Styling setzt der Hamburger Fotograf Food-Spezialitäten aus aller Welt stimmungsvoll in Szene. Tatkräftig unterstützt wird er dabei von **Michaely Suchy** (Styling) und **Antje Küthe** (Foodstyling).

Bildnachweis

Titelfoto: Wolfgang Schardt;
alle anderen Fotos: Jörn Rynio

Titelrezept

Cheeseburger (S. 10) und Burgerbrötchen (S. 6)

QUALITÄTS G|U GARANTIE

Liebe Leserin, lieber Leser,

haben wir Ihre Erwartungen erfüllt? Sind Sie mit diesem Buch zufrieden? Haben Sie weitere Fragen zu diesem Thema? Wir freuen uns auf Ihre Rückmeldung, auf Lob, Kritik und Anregungen, damit wir für Sie immer besser werden können.

GRÄFE UND UNZER Verlag
Leserservice
Postfach 86 03 13
81630 München
E-Mail:
leserservice@graefe-und-unzer.de

Telefon: 00800 / 72 37 33 33*
Telefax: 00800 / 50 12 05 44*
Mo–Do: 9.00 – 17.00 Uhr
Fr: 9.00 – 16.00 Uhr
(gebührenfrei in D, A, CH)*

Ihr GRÄFE UND UNZER Verlag
Der erste Ratgeberverlag – seit 1722.

Backofenhinweis:
Die Backzeiten können je nach Herd variieren. Die Temperaturangaben in unseren Rezepten beziehen sich auf das Backen im Elektroherd mit Ober- und Unterhitze und können bei Gasherden oder Backen mit Umluft abweichen. Details entnehmen Sie bitte Ihrer Gebrauchsanweisung.

Appetit auf mehr?

ISBN 978-3-8338-3775-3

ISBN 978-3-8338-3770-8

ISBN 978-3-8338-3435-6

Laden im App Store

ANDROID APP BEI Google play

ISBN 978-3-8338-4475-1

ISBN 978-3-8338-1426-6

Alle hier vorgestellten Bücher sind auch als eBook erhältlich.

G|U

Willkommen im Leben.

Mehr von GU auf **www.gu.de** und
facebook.com/gu.verlag

DAS BESTE DAZU

In guten Burgerbratereien gibt es zu saftigen Burgern leckere Beilagen. Aber auch hier gilt: Am besten schmeckt's doch hausgemacht!

ROTKOHL-SLAW

Für 4 Personen: ½ kleinen Rotkohl (ca. 300 g) waschen, äußere Blätter und Strunk entfernen und den Kohl auf einem Gemüsehobel in feine Streifen hobeln. 1 kleine Möhre schälen und längs in dünne Scheiben schneiden. Diese quer halbieren und längs in feine Streifen schneiden. 1 kleine rote Zwiebel schälen und ebenfalls in sehr feine Streifen schneiden. Alles in eine Schüssel geben und mit Saft von ½ Zitrone, 4 TL Mayonnaise, 4 TL Naturjoghurt, 4 TL Weißweinessig und 1 Prise Zucker gründlich vermengen. Mit Salz und Pfeffer abschmecken und abgedeckt im Kühlschrank durchziehen lassen, am besten über Nacht.

PASTINAKENCHIPS

Für 4 Personen: ½ TL Koriandersamen mit 2 TL grobem Salz und einigen Pfefferkörnern in einem Mörser fein zerstoßen. 3 Pastinaken schälen und mit einem Gemüsehobel in feine runde Scheiben hobeln. In einem breiten Topf 750 ml Frittieröl auf 170° erhitzen. Temperatur mit einem Thermometer kontrollieren. Backblech mit Küchenpapier auslegen und neben den Topf stellen. Pastinake portionsweise für 3 Min. ins heiße Fett geben, dabei ständig die Temperatur prüfen. Fertige Chips mit einem Schaumlöffel aus dem Fett holen und auf das Backblech legen. Zum Servieren mit Salzmischung bestreuen.

SÜSSKARTOFFELPOMMES

Für 4 Personen: 1–2 Süßkartoffeln (650 g) schälen und in ½ cm dünne Stifte schneiden. Mit Wasser bedeckt in einer Schüssel über Nacht im Kühlschrank ziehen lassen. Am nächsten Tag Wasser abgießen, Süßkartoffeln abspülen und trocken reiben. 750 ml Rapsöl in einem Topf auf 170° erhitzen erhitzen (Thermometer). Backblech mit Küchenpapier auslegen und neben den Topf stellen. Süßkartoffel portionsweise je 1 Min. vorfrittieren, auf das Backblech geben und auskühlen lassen. Dann die kalten vorfrittierten Süßkartoffeln erneut im heißen Fett 2–3 Min. portionsweise frittieren. Mit Salz bestreut servieren.